दरमियाँ

COMPILATION OF HANDPICKED WRITINGS

अभिषेक गौतम

मेरे सभी पाठकों को समर्पित

क्रम-सूची

खण्ड 1

1. "इंतिज़ार" 3
2. "जज़्बात" 4
3. "तूफ़ान" 5
4. "महबूब" 6
5. "सुबह का सवेरा" 7
6. "समझ जाओगी" 8
7. "टिकट" 9
8. "अंधियारे" 10
9. "ना वो बात रही" 11
10. "प्यारे हम" 12
11. "किसी भी पल" 13
12. "उसकी पसंद का" 14
13. "पिंजरा" 15
14. "फिल्हाल" 16
15. "मैं" 17
16. "जिंदगी" 18
17. "ख्वाब" 19
18. "खुदा" 20
19. "गांव" 21
20. "बिजली" 22
21. "सजना" 23

क्रम-सूची

22. "मां" 24

23. "दोस्त" 25

खण्ड 2

24. शेर 1,2 29

25. शेर 3,4 30

26. शेर 5,6 31

27. शेर 7,8 32

28. शेर 9,10 33

29. शेर 11,12 34

30. शेर 13,14 35

31. शेर 15,16 36

32. शेर 17,18 37

33. शेर 19,20 38

34. शेर 21,22 39

35. शेर 23,24 40

36. शेर 25,26 41

37. शेर 27,28 42

38. शेर 29,30 43

39. शेर 31,32 44

40. शेर 33,34 45

41. शेर 35,36 46

42. शेर 37,38 47

क्रम-सूची

43. शेर 39,40   48

44. शेर 41,42   49

कुछ तो है यूं तेरे मेरे दरमियाँ !!

कवितायें

1. "इंतिज़ार"

तेरा दिया वो पहला खत मेरे पास आज भी है,

तेरा वो खोया एक झुमका मेरे पास आज भी है,

मेरी किताब में तेरे दिए वो सारे गुलाब आज भी हैं,

मेरे हाथों में लगता मुझे तेरा हाथ आज भी है,

मेरे होठों को तेरे कोमल गालों का एहसास आज भी है,

तेरे प्यार में जो मिला मुझे वो सुकून आज भी है,

माना तुझे गए सालों बीत गए हैं ,

मगर...

मेरी आंखों को तेरे आने का इंतजार आज भी है ।

2. "जज़्बात"

दर्द इतने हैं कि बताएं नहीं जाते,
किसी के जज़्बात यूं ठुकराए नहीं जाते ।
वादा करके जो मुकरते करते हैं लोग,
दिल उनसे कभी लगाये नहीं जाते ।
ये रातें पहचानती हैं मेरे वो आसु सारे,
जो बहाए मेने वो इनसे चुपाए नहीं जाते ।
सोच समझ के कहना तुम बाते,
जज़्बात अपने सबको बताएं नहीं जाते ।

3. "तूफ़ान"

मेरे सपनो का महल तूने
तूफ़ान बनके तोड़ा है ।
अकेला खड़ा था तन्हा मैं,
तूने राह में अकेला मुझको छोडा है ।
गुनाह बता दे बस एक दफा मेरा,
तूने किसलिए मुझसे मुह फेरा है ।
हँसते खेलते हयात को मेरे,
पूरा विरान करके तूने छोड़ा है ।

4. "महबूब"

खबर उठी थी मोहल्ले में,
कि शहर में कोई हूर आया है ।
आंखों में काजल, गालो पे लाली,
लेके चेहरे पर नूर आया है ।
हम भी निकले थे देखने उसे,
की ऐसा कौन मशहूर आया है ।
पहली नज़र देखा, देखता ही रहा,
और दिल ने कहा..
ले वापस तेरा महबूब आया है ।

5. "सुबह का सवेरा"

मेरे अँधेरे से जीवन में वो सुबह का सवेरा है,
उसके होने से जिंदगी में मेरी खुशियों का बसेरा है ।
दिल की हर बात वो मेरी आंखों से पढ़ लेता है,
मेरे गुस्सा होने पर वो मेरी जली कटि भी सुन लेता है ।
रंग रूप से नहीं मेरी रूह से उसको प्यार है,
कोई है नहीं उसके सिवा एक वही मेरा यार है ।
दिसंबर की सर्दी में वो मेरा जून है,
उसके नाम के साथ जुड़ के मेरा नाम मशहूर है ।

6. "समझ जाओगी"

कभी सोचा नहीं था कि तुम
कुछ इस तरह बदल जाओगी ।
गुज़रे वो लम्हे सारे हमारे,
बस यूँही भूल जाओगी ।
खड़ा मुझे देखा अकेला भी,
तनहा राह में छोड़ जाओगी ।
आवाज़ जब दूंगा तुम्हें,
मुझे पहचानने से भी मुकर जाओगी ।
अभी बेशक नहीं समझती होगी तुम कविता मेरी,
जिस दिन तुम्पे बीतेगी....समझ जाओगी ।

7. "टिकट"

तेरे कहने पर मैंने, मेरी हर बुरी आदत छोड़ी है ।

तलब लगी थी फिर भी मैंने,

शराब गिलास में डाल के छोड़ी है ।

साथ जीना है तेरे, तेरे लिए मैंने ये दुनिया सारी छोड़ी है ।

तेरे लायक बनने के लिए मेने, मेरी सुकून की नींदें छोड़ी

है ।

मेरे हाथों की लकीरे मेने,तेरा नाम लिखने के लिए मोड़ी है

।

जिस सफर में तू साथ नहीं मेरे,

वो ट्रेन मैंने टिकट करा के भी छोड़ी है ।

हर जन्म में साथ मिले तेरा,

ये अर्जी मेने उस विधाता के दर पर छोड़ी है ।

खुश हो जाता हूं सबसे सुनके की

"वाह! तुम दोनों की क्या खूब जोड़ी है ।"

8. "अंधियारे"

खुद को रोकू कितना भी मैं,
वो बीते लम्हे याद आते बहुत हैं ।
हस्ता हूं गाता हूं सबके सामने यूं तो मैं,
अकेले में आंखों से आसु आते बहुत हैं ।
ढूंढ़ने निकला सुनसान रास्तों पर सुकून में,
पर यहां भी मुझ जैसे बेचारे बहुत है ।
नहीं देता सबके हिससे में बराबर खुशियां वो,
किसी की झोली में तारे तो
किसी की जिंदगी में अंधियारे बहुत है

9. "ना वो बात रही"

ना जिंदगी में अब वो बात रही,

जबसे हाथो में तेरा हाथ नहीं ।

ना झूलो में, ना फूलों में,

ना पहली बरसात में अब वो बात रही ।

मिल जाए अब वो मंजिल भी तो क्या,

तेरे बिना किसी सफर में ना अब वो बात रही ।

तेरे बिना सब तनहा है मेरा,

सूख गए है जो,

इन आसुओ में ना अब वो बात रही ।

10. "प्यारे हम"

दुनिया से तो जीत लेते फिर भी,
अपनो से ही हैं हारे हम ।
प्यार में मिले हैं धोके इतने,
इस दिल के हाथो हैं मारे हम ।
धोखा मिला है सबके दर पर,
बस अब तेरे इश्क के हैं सहारे हम ।
झाक के देखना इस दिल में तुम,
दिल के बहुत हैं प्यारे हम ।

11. "किसी भी पल"

तुम जाना चाहो तो जा सकते हो,
मुझसे बेहतर मिले कोई तो अजमा सकते हो ।
बांधूंगा नहीं तुम्हें कभी भी मैं,
अपने सपनों का तुम जहाज उड़ा सकते हो ।
कम नहीं है चादर मेरी,
तुम जितने चाहे पैर फैला सकते हो ।
मान लूंगा मैं तुम्हारी सारी बातें,
तुम मर्ज़ियां अपनी चला सकते हो ।
नाराज़ होगे तो मना लुंगा,
तुम मुझसे नखरे सारे उठावा सकते हो ।
चाहत है मेरी कि चाहो तुम भी,
प्यार जब आए मुझपे तो जता सकते हो ।

12. "उसकी पसंद का"

वो बिंदी उसकी पसंद की है,
मुझे पसंद है उस बिंदी में चमकती वो ।
वो साड़ी उसकी पसंद की है,
मुझे पसंद है उस साड़ी में चहकती वो ।
वो चाय का कप उसकी पसंद का है,
मुझे पसंद है उस कप में उसके हाथ की चाय वो ।
वो तारों से भरा आसमान उसकी पसंद का है,
मुझे पसंद है उस आसमान के नीचे मेरे साथ वो ।

13. "पिंजरा"

बातें आई लबों पर,
वो लफ़्ज़ बनकर रह गई ।
पंख फेला कर उड़ने वाली चिड़िया,
पिंजरे में कैद होकर रह गई ।
वो निकली अपनी खोज में,
गृहस्ती की भीड खोकर रह गई ।
वो अपने सपनों की मशाल को,
फिर बुझा कर सो गई ।

14. "फिल्हाल"

फिल्हाल क्या ऐसा हो सकता है,
कि वक्त थम जाए और मैं तुझे देखता रहूं ।
फिल्हाल क्या ऐसा हो सकता है,
कि तू कहती जाए और मैं सुनता रहूं ।
फिल्हाल क्या ऐसा हो सकता है,
कि तू मिल जाए और हर रोज मैं तुझसे मिलता रहूं ।
फिल्हाल क्या ऐसा हो सकता है,
कि सब सच हो जाए जो भी मैं बोलता रहूं ।

15. "मैं"

एक शेर बहुत यादगार हूं मैं,
सबकी कहानी का अलग किरदार हूं मैं ।
सताए कोई तो अंगार हूं मैं,
सिंह की हुंकारती लालकार हूं मैं ।
किसी का पहला तो सच्चा प्यार हूं मैं,
जो उसका नहीं तो बेवजह बेकार हूं मैं ।
खाली हो अगर तो तुम्हारा रोजगार हूं मैं,
आजमा के देखना बड़ा असरदार हूं मैं ।

16. "जिंदगी"

क्यों जिंदगी मुझे
फिर उस मोड़ पर लायी है,
क्यों फिर मेरे हिस्से में
वो शाम लंबी आई है ।
उस दहलीज पर महसूस होती
मुझे तेरी तनहाई है,
जहां मेरे सपने और हकीकत
के बीच होती बहुत लड़ाई है ।
तेरे मेरे बीच जलती मशालो में,
ये आग दुनिया वालों ने लगाई है ।
क्यों जिंदगी मुझे फिर उस मोड़ पर लेके आई है ।

17. "ख्वाब"

कैसे देखूं वो जो देखा नहीं जाता,
पुराना हुआ प्यार तो फेका नहीं जाता ।
मलाल है मुझे तेरे ना होने का,
मलाल है मुझे तेरे ना होने का,
ये वो गम है जो मुझसे साहा नहीं जाता ।
चांद से करता हूं बातें तेरी मैं,
क्या करूं रातों में मुझसे सोया नहीं जाता ।
तेरा होना, तेरा आना, तेरा वापस आके फिर न जाना,
बस ये वो ख्वाब है
जो चाह के भी मुझसे देखा नहीं जाता ।

18. "खुदा"

मुझे अफसोस है उसके ना होने का,
उसे पछतावा था मेरे साथ होने का ।
उसके आगे सारी दुनिया की खुशी एक तरफ,
ये सुरूर था शायद इश्क का नशा होने का ।
उसकी बेवफाइयों को भी नज़रअंदाज़ किया था मैंने,
मुझे डर था उसके जुदा होने का ।
उसकी गलतियाँ भी सारी माफ़ की थी मेने,
पर ये जमाना नहीं है खुदा होने का ।

19. "गांव"

टूटा जो शीशा एक बार,
फिर कभी उसे जुड़ते नहीं देखा ।
एक बार बिछड़ा है जो,
फिर कभी उसे मिलते नहीं देखा ।
लग गई जिसे एक बार लत शराब की,
फिर कभी उसे छूटते नहीं देखा ।
लग गई हवा जिसे एक बार शहर की,
फिर कभी उसे गांव लौटते नहीं देखा ।

20. "बिजली"

उसके चेहरे का नूर सबसे ज्यादा लगा,
आसमान में चांद पूरा होके भी आधा लगा ।
खुली जुल्फो में वो
चमकती बिजली का काम कर गई,
उसे देख के जब बिजली का झटका हमें थोड़ा ज्यादा लगा
।
उसकी चहकती खिलखिलाती हँसी, उसकी बेपरवाह अदाएं,
हमें उसका हर अंदाज बड़ा कातिलाना लगा ।

21. "सजना"

चाय की चुस्कियों में,
मसालों की डिब्बियों में,
मिठाई की मिठास में,
इमली की खटास में,
पक रही है हर तरफ खुशियाँ,
लगे हैं सब तैयारियों में,
चल रहा है सवरना सजना,
जबसे खबर मिली है कि
घर आ रहे हैं मेरे सजना ।

22. "मां"

कि जो कहता हूं मान जाती है,
मेरे हर झूठ को
फट से पहचान जाती है,
अपने ग़मो को छुपाने की कोशिशें हजार करता हूँ,
मगर...
एक तू ही तो है
जिसके आगे ये आंखें नम हो जाती हैं ।

23. "दोस्त"

कभी टीचर बन के एग्जाम की रात पढ़ाता है,

तो कभी आधी रात को एक कॉल में आ जाता है,

कभी पहले ब्रेकअप की दारू पिलाता है,

तो कभी खुद की गलती पर टीचर की गली खिलवाता है,

कभी बर्थडे पर जेब खाली करवाता है,

तो कभी आर्थिक तंगी का सहारा बन जाता है,

पर वो हर एक पल यादगार बन जाता है,

जिस्मे मुझे मेरे दोस्तों का साथ मिल जाता है ।

शेरो-शायरी

24. शेर 1,2

1

चेहरे से हमारे हंसी चली गई,
इन आंखों से रातों की नींदें चली गई ।
तेरे आने की जो उम्मीद थी हमें,
बीते साल के साथ एक वो भी चली गई ।

2

झूठे तेरे हर वादे हो गए,
खास थे कभी, अब अंजाने हो गए ।
चोट लगी है अब दिल पे तो समझा,
बेफिजूल ही हम तेरे दीवाने हो गए ।

25. शेर 3,4

3

रोज़ छत पर अपनी मुलाकात हो
तुम हो मैं हो और हल्की बरसात हो ।

4

बैठा हूं बड़ी फुर्सत से
तेरी फुर्सत के इंतजार में ।
कोई शिकायत नहीं मुझे
तेरे उमर भर के इंतजार में ।

26. शेर 5,6

5

यूं कुछ इस तरह
तू मुझसे दूर हो गया,
निभा तुम नहीं पाए और
बदनाम मेरा इश्क हो गया ।

6

जब पता समाज को जात लगी,
इश्क ने उनके आखिरी सांस भारी ।

27. शेर 7,8

7

गुरुर था मुझे मेरी बहादुरी का,
लेकिन अब मैं तुम्हें खोने से डरता हूं ।

8

जिस्म नहीं
तेरी रूह देखी है,
सिर्फ एक रात नहीं
पूरी जिंदगी तेरे साथ देखी है ।

28. शेर 9,10

9

आज भी जब कहीं राह में तू नजर आ जाता है,
ये दिल एक पल को मेरा साथ छोड़ जाता है ।

10

शीशे सा दिल मेरा ये,
पीतल नगरी आया ।
ये ढूंढ रहा था मोती,
और पत्थर से जा टकराया ।

29. शेर 11,12

11

कर तो लूँ मैं फिर से मोहब्बत,
पर मिलता नहीं तुझसा चेहरा कोई ।

12

तेरे जाने के बाद कितने ही सैलाब आए,
तूफान आए,
तू किन-किन का मुझे हिसाब देगा ।
मैं पागल था जो ये सोच के बैठा रहा
कि तू एक बार फिर मुझे आवाज देगा ।

30. शेर 13,14

13

कह पाता तो क्या कुछ नहीं कह देता,
इस दिल को कितना दुखाया है तूने,
अगर लिख पाता..
तो टूटे दिल से सौ कविता लिख देता ।

14

कैसे खामोश रहोगी तुम,
तुम्हारी तो आंखें भी बोलती हैं।

31. शेर 15,16

15

माना लफ्जो में कह देता हूं,
पर इश्क मेरा कागज़ी नहीं ।
तू भी निकली ज़माने की तरह,
ये कहना भी मुझे राज़ी नहीं ।

16

तेरे चाहने वालों में एक नाम मेरा भी जुड़ गया,
मेरी तरसती आंखों को जबसे दीदार तेरा हो गया ।

32. शेर 17,18

17

उसको किसी और के छू लेने से,
दिल दुखता है मेरा, वो क्यों नहीं समझती है,
जाहिर नहीं करता तो
वो मुझे बेपरवाह समझती है ।

18

अगर मोहब्बत हमें
सिर्फ रंग से होती,
तो दूध से ज़्यादा पसंद हमें
चाय ना होती ।

33. शेर 19,20

19

सालो से बैठा हूं इंतजार में,
पर मेरा कोई खत तेरा जवाब नहीं देता ।
शायद दिल भी मेरा जान गया है अब
जो ये बेरहम
तेरे वापस आने की कोई उम्मीद नहीं देता ।

20

क्या करूंगा रास्ता चांद तक का जानके,
घूमना तो मुझे तेरी गलियां में ही है ।

34. शेर 21,22

21

जुबां पे तेरा ही नाम,
दिल में तेरी तस्वीर है ।
आंखों में तेरा चेहरा होंठों पर गालों की नरमी है ।
एक किस्मत में भी होती तू,
तो बात कुछ और थी ।

22

तेरे बिना अब ये
रोना कैसा।
जो था ही नहीं कभी मेरा,
उसे खोना कैसा ।

35. शेर 23,24

23

हज़ारों तारो के बीच
चमकता हो जो,
वो चांद क्या महसूस करेगा,
एक टूटते तारे की कमी को ।

24

उसके लिए तो अमावस ही थी,
जिसके हिस्से में रात तो आई,
पर चांद नहीं ।

36. शेर 25,26

25

ज़माने का एक राज बताते हैं,
निभाना किसी को नहीं
इश्क़ सब चाहते हैं ।

26

फिर कॉलेज की छुट्टी के बाद
तुम पल दो साथ बिताओगी क्या ।
अगर रूठ गया तुमसे मैं,
तुम फोन कर मुझे मनाओगी क्या ।

37. शेर 27,28

27

जब रिश्ते ने हमारे आखिरी सास ली,
तूने पलट के भी ना देखा
मेने बहुत आवाज़ दी ।

28

साथ खेलने वाले हज़ारों थे,
गप्पे शपे मरने वाले हज़ारों थे,
एक बार जो गिरे हम,
देख के हंसाने वाले हज़ारों थे ।

38. शेर 29,30

29

क्या मज़ा उस जीत का जो हार कर अगर ना हो,
क्या मज़ा उस मंजिल का
जिसका सफर लंबा ना हो ।

30

हां माना की दिल टूटा है,
पर थोडा सह लेंगे ।
थोड़ा जीये तेरे साथ हैं,
थोड़ा तेरे बगैर जी लेंगे ।

39. शेर 31,32

31

दिल लगाने से तो बेहतर है,
हम इस दिल को ही आग लगा दे ।
ये इश्क़ भुलाना इतना आसान नहीं,
ये बात तुम्हें हम आज बता दे ।

32

कुछ तो मजबूरियां रही होंगी तेरी भी,
वरना बेवजह कोई बेवफा नहीं होता ।

40. शेर 33,34

33

वो कुछ इस तरह मुझसे मुह मोड़ रही है,
वो बेवजह नाराज होकर
मेरा मासूम दिल तोड़ रही है ।

34

कुछ तो पुराना राबता रहा होगा,
कोई यूं ही पहली नजर में भाता नहीं ।
कुछ इस दिल को भी इल्म रहा होगा,
ये यूं ही किसी पर रोज आता नहीं ।

41. शेर 35,36

35

तुम मेरे ना हुए तो लगता है,
की ऊपर सुनी नहीं जाती अपनी ।
माना अब सोचना किफायत नहीं तुम्हें,
पर लेके साथ नहीं गए तुम यादें अपनी ।

36

यहां हर कोई नहीं है अपना,
कोई अपनो में है गैर,
तो कोई गैरों में है अपना ।

42. शेर 37,38

37

तेरे जाने के बाद मैंने सोच लिया था,
कि अब किसी से मोहब्बत नहीं होगी ।
करूंगा तो सिर्फ करूंगा यारी,
उसमें मोहब्बत वाली तकलीफ नहीं होगी ।

38

कल चाँद भी देख कर रो गया,
जब मैं फिर तेरी याद में थक कर सो गया ।
मेरे लिए बस एक तू ही चांद सी है,
तेरे लिए मैं लाखों में से एक सितारा हो गया ।

43. शेर 39,40

39

गुमनामी में जी रहा था जिंदगी मैं,
तेरे इश्क ने मुझे मशहूर किया ।
तुझसे दिल लगाना गलती थी मेरी,
तेरी मोहब्बत ने मुझे चकना-चूर किया ।

40

इन हाथों को अपने हाथों में लेकर,
मेरी आंखों में देख कर तू मुस्कुराया था ।
जान जा चुकी थी बस चल रही थी सांसे मेरी,
जब पहली दफा तूने मुझे सीने से लगाया था ।

44. शेर 41,42

41

बना दे तो पत्थर को सोना,
बिगाड़े तो सब खाक कर देगी ।
ये मोहब्बत है जनाब,
ये हदें सभी पार कर देगी ।

42

मैंने प्यार में तेरी बुराइ नहीं देखी,
तूने नफरत में मेरी अच्छाई नहीं देखी ।
तुझसे बिछड़ने की जो सज़ा मिली मुझे,
दुनिया वालों ने पहले कभी
ऐसी जुदाई नहीं देखी ।

तो अब अलविदा ले रहा हूं,
हां तुमसे मैं जुदा हो रहा हूं ।
नाम मेरा तुम याद रखना,
दूर नहीं दिल के पास रखना ।
फिर मिलेंगे जल्दी ही हम,
धूप चाहे हो या सर्दी कम ।
साथ अपना बनाएं रखना,
दोस्ती का दीप जलाये रखना ।
दुबारा मिलने की ख्वाहिश तुम रखना,
मेरी ये किताब तुम संभाल के रखना ।